Verstehst du? 2

46 Geschichten für erwachsene Leseanfänger

Überarbeitete Auflage April 2018
Alle Texte und fast alle Aufgaben sind gleich geblieben.

Gisela Darrah

Zeichnungen: Daniel Neika

Herstellung und Verlag:
BoD - Books on Demand, Norderstedt
ISBN 978-3-8423-7662-5

Inhaltsverzeichnis

Der Kindergeburtstag

Elif ist fünf Jahre alt. Ihre Freundin Sara hat Geburtstag. Beide gehen zusammen in den Kindergarten. Sara ist heute fünf.

Mama bringt Elif zu Sara nach Hause. An der Tür sind Ballons. Elif hat ein Geschenk für Sara. Es ist ein Memora-Spiel.

Alle Kinder spielen. Dann essen sie Kuchen und trinken Saft. Sie basteln mit Saras Mama eine schöne Schachtel.

Es ist sechs Uhr. Alle gehen nach Hause. Sie nehmen die Schachtel mit. Da ist Schokolade drin. Toll!

Steht das im Text? Kreuzen Sie an. r (richtig) oder f (falsch)

1. Elif und Sara sind Freundinnen.	R/f
2. Elif und Sara gehen in die Schule.	R/f
3. Sara ist heute vier.	R/f
4. Die Kinder essen Kuchen.	R/f
5. Alle basteln.	R/f
6. Um fünf Uhr gehen sie nach Hause.	R/f
7. In der Schachtel ist Schokolade.	R/f

Schreiben Sie Komposita mit „Kinder-":

Kinder + Garten = Kindergarten

Kinder + Geburtstag = ...

Kinder + Spiel = ...

Kinder + Bett = ...

Kinder + Wagen = ...

Muttertag

Heute ist Sonntag. Es ist Muttertag. Natascha hat drei Kinder. Sie sind schon groß. Zwei Mädchen sind zehn und zwölf Jahre alt. Ein Junge ist acht. Heute sagen sie: „Du bleibst im Bett, Mama! Wir machen das Frühstück."

Endlich ist alles fertig. Auf dem Tisch sind Blumen in der Vase. Der Kaffee ist in der Kanne. Die Brötchen sind frisch. Der Käse ist lecker. Wo ist das Salz für die Eier?

Danke, Kinder.

Steht das im Text? Kreuzen Sie an, r (richtig) oder f (falsch):

1. Heute ist Montag.   R/f
2. Es ist Vatertag.   R/f
3. Natascha hat drei Kinder.   R/f
4. Natascha macht das Frühstück.   R/f
5. Die Blumen sind in der Vase.   R/f
6. Die Brötchen sind von gestern.   R/f
7. In der Kanne ist Tee.   r/f
8. Es gibt auch Eier.   R/f

Welche Wörter gehören zum Thema „Frühstück"? Unterstreichen Sie:

Brötchen – Grillparty – Butter – Marmelade – Buch – Eier – Kaffee - Fleisch – Vase – Brot – Käse – Computer – Tee – Fußball – Telefon - Teller – Tasse

Es brennt

In der Nacht heult die Sirene. Der Supermarkt brennt! Die Leute können nicht schlafen. Sie schauen aus dem Fenster. Der Himmel ist hell und rot. Die Feuerwehr kommt.

Die Feuerwehr löscht mit viel Wasser. Das Wasser ist auf der Straße. Am Morgen ist das Feuer aus, aber der Supermarkt ist schwarz. Hier können wir nicht einkaufen.

Steht das im Text? Kreuzen Sie an, r (richtig) oder f (falsch):

1. Am Mittag brennt es.   R/f
2. Es brennt im Supermarkt.   R/f
3. Alle Leute schlafen.   R/f
4. Die Feuerwehr löscht.   R/f
5. Am Morgen ist schwarz.   R/f
6. Die Supermarkt ist schwarz.   R/f

Was passt zusammen? Schreiben Sie die Wörter:

Super-   Feuer-   ein-   Nacht-   -wehr   - markt

– himmel   -kaufen

Welche Farben kennen Sie?

schwarz – weiß ....

....

Im Restaurant

Renate und Peter gehen zusammen essen.

Sie treffen sich um 18 Uhr in der Stadt. Sie gehen zuerst ein bisschen spazieren. Dann gehen sie in die Pizzaria Roberto. Sie suchen einen Tisch am Fenster. Leise Musik kommt aus dem Radio.

Der Kellner fragt: „Was wollen Sie essen?"

Renate bestellt eine Pizza und Peter Rigatoni. Dazu essen sie Salat und trinken Apfelsaftschorle.

Super lecker!

Steht das im Text? Kreuzen Sie an, r (richtig) oder f (falsch):

1. Renate geht allein essen.   R/f
2. Sie treffen sich um 18 Uhr.   R/f
3. Sie gehen spazieren.   R/f
4. Sie gehen in die Pizzaria Alberto.   R/f
5. Die Musik ist leise.   R/f
6. Beide essen Salat.   R/f
7. Beide essen Pizza.   R/f

Finden Sie 9 Wörter im Silbensalat:

Mu sik es sen ka lo ja kan Piz za spa zie ren dan di sla ge tref fen da do pe lei se Sa lat ze so zu sam men di fo je da

Der Sturm

Es ist Sonntag. Wir wollen heute zu Tante Selma fahren. Um 14 Uhr schauen wir aus dem Fenster. Die Bäume biegen sich hin und her. Papier und Blätter fliegen durch die Luft. Mülleimer fallen auf die Straße.

Das ist ein Sturm! Wir rufen Tante Selma an. „Tut uns leid, wir kommen heute nicht. Das ist zu gefährlich."

„Schade", sagt Tante Selma. „Aber Hauptsache, ihr bleibt gesund."

Steht das im Text? Kreuzen Sie an, r (richtig) oder f (falsch):

1. Es ist Sonntag.	R/f
2. Wir wollen zu Tante Fatma fahren.	R/f
3. Um 14 Uhr schauen wir in die Zeitung.	R/f
4. Die Bäume biegen sich.	R/f
5. Papier fliegt durch die Luft.	R/f
6. Das ist ein Turm.	R/f
7. Wir fahren zu Tante Selma.	R/f
8. Der Sturm ist gefährlich.	R/f

Welche Wörter gehören zum Thema Wetter? Markieren Sie:

Wind – Regen – Tisch – Schrank – Rose – Sturm – Schnee – Nudeln – Tomaten – Wolke – Sonne – Nase – Hase – kalt – Hemd – warm – Jacke – heiß - alt

Oma strickt

Oma kann gut stricken. Im Winter ist es kalt. Dann strickt sie für die ganze Familie warme Sachen. Für Papa macht sie einen langen, grünen Schal. Für Mama macht sie eine rote Mütze und rote Handschuhe. Für die Kinder strickt sie schöne, warme Pullover. Und alle bekommen dicke Socken. Jetzt kann der Winter kommen. Keiner muss frieren.

Steht das im Text? Kreuzen Sie an, r (richtig) oder f (falsch):

1. Oma kann gut stricken.   R/f
2. Im Sommer ist es kalt.   R/f
3. Oma strickt nur für sich selbst.   R/f
4. Der Schal für Papa ist grün.   R/f
5. Die Mütze für Mama ist blau.   R/f
6. Mama bekommt auch Handschuhe.   R/f
7. Die Kinder bekommen Pullover.   R/f
8. Die Socken sind warm.   R/f

Schreiben Sie Sätze wie im Beispiel:

Der Schal ist bunt. Die Hose ist schwarz.

....

....

Hühnersuppe

Heute kocht Maria Hühnersuppe. Sie kocht ein Huhn eine Stunde. Dazu schneidet sie eine Zwiebel, zwei Kartoffeln, vier Karotten und Petersilie klein. Wenn das Huhn gar ist, nimmt Maria es aus der Brühe. Dann kommt das Gemüse dazu. Das Fleisch schneidet sie klein und es kommt wieder in die Suppe.

Hühnersuppe ist gut gegen Erkältung.

Man kann auch Reis oder Nudeln in die Suppe geben.

Steht das im Text? Kreuzen Sie an, r (richtig) oder f (falsch):

1. Maria macht Hühnersuppe.   R/f
2. Das Huhn muss eine halbe Stunde kochen.   R/f
3. Gemüse kommt auch dazu.   R/f
4. Hühnersuppe ist gut gegen Kopfschmerzen.   R/f
5. Die Suppe schmeckt auch gut mit Reis.   R/f

Was ist Gemüse? Markieren Sie:

Karotte – Mais – Apfel – Kirsche – Kartoffel – Kohlrabi – Brokkoli – Orange – Banane – Ananas – Lauch – Sellerie – Melone – Kiwi – Aubergine – Zucchini – Zitrone – Erdbeere – Gurke – Tomate

Welches Gemüse essen Sie gern? Sprechen Sie.

Der Frühling kommt

Endlich wird es wärmer. Morgens um sieben Uhr höre ich die Vögel singen. Schneeglöckchen blühen weiß im Garten.

An der Mauer ist es warm, da finde ich den ersten Krokus.

Der Frühling kommt!

Die Leute tragen keine Mützen und Schals mehr. Die Sonne scheint mittags hell und warm. Wir freuen uns auf grünes Gras und bunte Tulpen. Wir freuen uns auf grüne Blätter an den Bäumen.

Steht das im Text? Kreuzen Sie an, r (richtig) oder f (falsch):

1. Endlich ist es kälter.	R/f
2. Morgens höre ich Vögel singen.	R/f
3. Schneeglöckchen blühen gelb.	R/f
4. Die Leute tragen keine Mützen mehr.	R/f
5. Die Sonne scheint nachts.	R/f
6. Wir freuen uns auf grünes Gras.	R/f
7. Wir freuen uns auf bunte Krawatten.	R/f
8. Wir freuen uns auf grüne Blätter.	R/f

Welche Wörter gehören zum Winter, welche zum Sommer? Markieren Sie in zwei Farben.

Schnee – warm – baden – kalt – grün – Schal – Mütze – Badehose – schwimmen

Der Papagei

Mustafa hat eine Papagei. Der kann Türkisch und Deutsch.

Wenn jemand weggeht, sagt er: „Hallo! Wo geht ihr hin?"

Wenn jemand kommt, sagt er: „Merhaba!"

Der Papagei ist 35 Jahre alt. Zuerst war er in einer deutschen Familie.

Dann war er in einer türkischen Familie. Deshalb spricht er zwei

Sprachen.

Wenn Mustafa morgens aufsteht, sagt er: „Papa!"

Oder sagt er: „Baba!"?

Das wissen wir nicht so genau.

Steht das im Text? Kreuzen Sie an, r (richtig) oder f (falsch):

1. Der Papagei kann Englisch und Deutsch.   R/f
2. Wenn jemand wegggeht, sagt er: „Hallo!"   r/f
3. Wenn jemand kommt, sagt er: „Guten Tag!"   r/f
4. Der Papagei ist sieben Jahre alt.   R/f
5. Der Papagei kann zwei Sprachen.   R/f

Erzählen Sie.

Welche Sprachen sprechen Sie?

Haben Sie ein Haustier?

Kennen Sie Personen, die ein Haustier haben?

Nina muss ins Krankenhaus

Nina hat immer Schmerzen im Bauch. Das ist die Galle. Der Arzt macht ein Röntgenbild. Da sind viele Gallensteine.

Der Arzt sagt: „Sie müssen ins Krankenhaus. Sie werden operiert. Nina will nicht ins Krankenhaus, aber sie will auch keine Schmerzen mehr haben.

Am Montagmorgen fährt sie mit dem Taxi ins Krankenhaus. Nach einer Woche kann sie wieder nach Hause. Jetzt hat sie keine Schmerzen mehr.

Steht das im Text? Kreuzen Sie an, r (richtig) oder f (falsch):

1. Nina hat Schmerzen im Bauch.   R/f
2. Das ist die Leber.   R/f
3. Sie fährt mit dem Bus.   R/f
4. Nach einer Woche hat sie keine Schmerzen mehr.   R/f

Wo sind die Schmerzen? Schreiben Sie:

1. Mein Hals tut weh. Ich habe Halsschmerzen.

2. Mein Bauch tut weh. Ich habe ....

3. Mein Rücken tut weh. Ich ....

4. Mein Zahn tut weh. ....

Waren Sie schon mal im Krankenhaus? Erzählen Sie.

Es ist heiß

Es ist heiß. Vielleicht 32 Grad. Vincent hat keine Lust in die Schule zu gehen. Aber er geht hin. Alle anderen schwitzen auch.

Die Lehrerin schwitzt. Die Schüler schwitzen. Alle Fenster sind auf. Die Tür ist auf.

Jetzt geht der Wind durchs Klassenzimmer. Es wird kühler. Da sind schon große Wolken am Himmel. Hoffentlich regnet es heute!

Steht das im Text? Kreuzen Sie an, r (richtig) oder f (falsch):

1. Es ist heiß.   R/f
2. Vincent hat Lust auf Schule.   R/f
3. Alle Türen sind zu.   R/f
4. Da sind Wolken am Himmel.   R/f

Was passt zu Sonne oder zu Regen? Markieren Sie in zwei Farben:

Regen   Sonne   Wolken   nass   Wind   warm

kalt   schwimmen   Gewitter   Schirm

Wie ist das Wetter heute? Erzählen Sie.

Der Umzug

Barbara will umziehen. Sie findet eine schöne Wohnung. Die Wohnung ist groß und nicht zu teuer. Barbara macht einen Mietvertrag. Jetzt muss sie alle ihre Sachen packen. Sie sortiert ihre Kleidung. Sie sortiert ihre Bücher. Sie packt alles in Kisten.

Dann kommt der Möbelwagen und transportiert die Möbel.

Alles ist durcheinander. Oje!

Wo sind meine Hosen? Wo sind die Dokumente? Wer hat meine blaue Jacke gesehen?

Nach drei Wochen ist alles wieder schön und ordentlich.

Steht das im Text? Kreuzen Sie an, r (richtig) oder f (falsch):

1. Barbara findet keine Wohnung.   R/f
2. Die Wohnung ist teuer.   R/f
3. Der Möbelwagen transportiert die Möbel.   R/f
4. Barbara findet alles sofort.   R/f
5. Nach einer Woche ist alles ordentlich.   R/f

Finden Sie sieben Möbelstücke und Elektrogeräte im Silbensalat:

Da Fe So fa pi el Kom mo de da du wu Re gal se al di Vi tri ne mo di er Fern se her ha do el Ra di o Kas set ten re kor der di ma

Wann sind Sie das letzte Mal umgezogen? Erzählen Sie.

Im Zoo

Familie Fischer geht am Sonntag in den Zoo. Sie fahren mit dem Auto.

Die beiden Kinder Marlene und Finn freuen sich schon auf die Tiere.

An der Kasse müssen sie Eintritt bezahlen. Dann kommen sie zuerst zu

den Affen. Die sind besonders lustig. Sie klettern auf die Bäume und

rennen herum. Marlene will noch bei den Affen bleiben, aber Finn ruft:

„Komm doch mit zu den Pinguinen!"

Die Pinguine werden mit Fisch gefüttert. Der Wärter wirft die Fische in

die Luft und die Pinguine fangen sie.

Weiter geht es zu den Kamelen, den Lamas und den Elefanten. Im

Raubtierhaus wohnen Löwen und Tiger.

Zuletzt geht es in den Streichelzoo. Hier sind nur Tiere, die man auch

anfassen und streicheln kann: Kaninchen, Ziegen, Meerschweinchen …

Die Eltern sagen: „Wir müssen jetzt nach Hause."

Marlene und Finn sagen: „Wir wollen noch ein bisschen bleiben."

Lesen Sie und sprechen Sie über die Tiere:

ein Affe – viele Affen

ein Pinguin – viele Pinguine

ein Kamel – viele Kamele

ein Lama – viele Lamas

ein Elefant – viele Elefanten

ein Löwe – viele Löwen

ein Tiger – viele Tiger

ein Kaninchen – viele Kaninchen

ein Meerschweinchen – viele Meerschweinchen

Die großen Ferien

Es ist Sommer. Alle Kinder freuen sich auf die Ferien.

Elif fährt mit ihren Eltern in die Türkei.

Monika macht mit ihrer Familie Urlaub in Italien.

Uwe fährt eine Woche zu Oma nach Bayern.

Lisa und Tomas bleiben zu Hause. Sie freuen sich auf das

Ferienprogramm in ihrer Stadt.

Firat hat eine Jahreskarte für das Schwimmbad.

Hoffentlich wird das Wetter schön!

Steht das im Text? Kreuzen Sie an, r (richtig) oder f (falsch):

1. Alle Kinder freuen sich auf den Winter.   R / f

2. Monika fährt nach Italien.   R / f

3. Elif fährt mit ihren Eltern nach Russland.   R / f

4. Lisa und Tomas bleiben zu Hause.   R / f

5. Firat hat eine Monatskarte für das Schwimmbad.   R / f

Setzen Sie die richtige Form des Verbs ein: „fahren" oder „fährt"?

1. Mama und Papa .... zur Arbeit.

2. Opa .... mit dem Fahrrad.

3. Mein Mann .... mit dem Auto in die Stadt.

Im Hotel

Herr und Frau Braun machen Urlaub.

Sie übernachten im Hotel. Das Zimmer ist schön und hat einen Balkon.

Aber die Matratze ist zu hart. Frau Braun kann nicht schlafen.

Am Morgen fragt die Wirtin: „Haben Sie gut geschlafen?"

Frau Braun sagt: „Leider nicht."

Sie bekommen ein anderes Zimmer. Jetzt ist die Matratze weicher und der Urlaub wird schön.

Steht das im Text? Kreuzen Sie an, r (richtig) oder f (falsch):

1. Herr und Frau Braun machen Urlaub. R/f
2. Sie übernachten im Zelt. R/f
3. Frau Braun kann gut schlafen. R/f
4. Die Matratze ist zu hart. R/f
5. Die Wirtin fragt: „Haben Sie Kleingeld?" r/f

Was ist hart? Was ist weich? Ordnen Sie zu:

Wolle, Eisen, Holz, Pulli, Butter, Handy, Kissen, Haare, Bügeleisen

hart: ....

....

weich: ....

....

Das Frühstücksbuffet

Herr und Frau Grün übernachten im Hotel. Am Morgen gibt es ein Frühstücksbuffet. Auf einem großen Tisch stehen viele Sachen: ein Korb helle und dunkle Brötchen, Butter, Käse, Schinken und Wurst. Da gibt es auch Müsli, Joghurt und Quark, Obst, Marmelade und Honig.

„Möchten Sie auch ein gekochtes Ei?", fragt die Bedienung.

„Ja, gern.", sagt Herr Grün.

„Wo sind die Eierbecher?"

Steht das im Text? Kreuzen Sie an, r (richtig) oder f (falsch):

1. Am Abend gibt es ein Frühstücksbuffet.   R/f
2. Es gibt helle und dunkle Brötchen.   R/f
3. Es gibt auch Hähnchen.   R/f
4. Herr Grün möchte ein Ei.   R/f
5. Es gibt auch Marmelade.   R/f

Was ist süß? Was ist salzig? Sprechen Sie.

Honig, Wurst, Marmelade, Käse, Schinken, Bananen, Kirschen

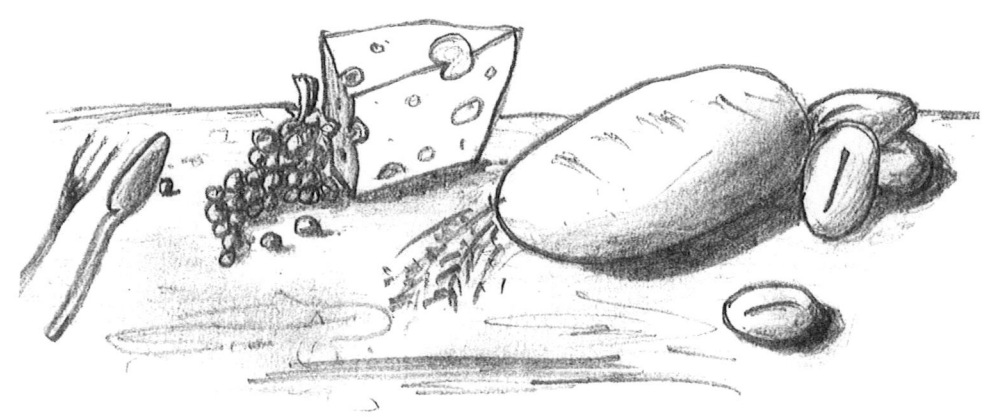

Der Arm ist in Gips

Karin spielt mit den Kindern Ball. Das macht Spaß. Aber dann passiert etwas: Sie will den Ball fangen, aber sie fällt auf den Boden. Der Arm tut weh!

Sie geht zum Arzt. Der Arzt muss den Arm röntgen. Leider ist der Arm angebrochen. Karin bekommt einen Gips und muss nach vier Tagen wiederkommen.

Jetzt ist alles schwierig. Sich anziehen, essen, die Schuhe zubinden, einkaufen, aufräumen, das ist alles ein Problem.

Gut, dass die Familie da ist.

Steht das im Text? Kreuzen Sie an, r (richtig) oder f (falsch):

1. Karin spielt mit den Kindern Ball.   R/f
2. Sie will den Ball fangen.   R/f
3. Der Arzt gibt ihr eine Spritze.   R/f
4. Sie muss nach sieben Tagen wiederkommen.   R/f
5. Jetzt ist alles einfach.

Was machen wir mit der Hand? Markieren Sie.

Laufen, schreiben, bügeln, sehen, sprechen, aufräumen, lesen, winken, rennen, den Tisch decken, hören, den Ball werfen, den Ball fangen, gehen, steigen, tanzen, lachen

Der halbe Preis

Ali fährt in den Ferien in die Türkei. Seine Frau sagt: „Du musst zum Frisör. Die Haare sind zu lang. Hier in der Türkei ist der Frisör billiger."

„Ja, gut.", sagt Ali.

Der Frisör schneidet und fönt seine Haare. Er nennt Ali den Preis.

Ali gibt ihm die Hälfte und sagt: „Ich habe nur halb so viele Haare wie andere Leute. Ich habe eine Halbglatze. Ich bezahle nur den halben Preis."

Der Frisör lacht und sagt: „Ich glaube, du hast Recht."

Finden Sie 14 Wörter zum Thema Haare im Silbensalat:

ver fra Ga Glat ze schwim men schnei den schla fen far sa do
lö sen fö nen Halb glat ze kra son Son nen cre me lang kurz
braun grau blond rot Klas sen zim mer Fa Da Kamm Ro si ne
Haar far be ta do kal ban Fri sör ser ton Fro sö rin bu ra do

Schreiben Sie Sätze wie im Beispiel:

Möchtest du das ganze Brot? - Nein, ich möchte nur die Hälfte.

    1. Möchtest du den ganzen Kuchen?

....

    2. Möchtest du die ganze Wurst?

....

Sara kauft Ohrringe

Sara ist im Urlaub in Thailand. Sie will schöne Ohrringe kaufen. Sie ist in der Stadt. Da sind viele Geschäfte.

Sie probiert viele Ohrringe an. Dann bezahlt sie und geht nach Hause.

Dort steht sie vor dem Spiegel und sie sieht: Sie hat zwei verschiedene Ohrringe gekauft!

Schnell zurück zum Geschäft! Aber wo ist das Geschäft?

Sara kann das Geschäft nicht finden. Jetzt hat sie zwei verschiedene Ohrringe.

Steht das im Text? Kreuzen Sie an, r (richtig) oder f (falsch):

1. Sara kauft eine Kette.   R/f
2. In der Stadt sind viele Geschäfte.   R/f
3. Sara hat zwei gleiche Ohrringe.   R/f
4. Sie kann das Geschäft nicht finden.   R/f

Finden Sie 6 Wörter zum Thema „kaufen" im Silbensalat:

ra bi do ro an pro bie ren so da mo dern ka la Ge schäft Ga bel si

bi ba bu be zah len di ha sel Kas se Klas se da do Stadt Da me du

Finden Sie das Gegenteil. Verbinden Sie:

1. schnell   2. modern   3. gleich

  a. altmodisch   b. verschieden   c. langsam

Hanife hat Hunger

Hanife sagt zu ihrem Mann: „Ich bin Hunger."

Der Mann sagt: „Das ist falsch. Es heißt: Ich habe Hunger. Sag das noch einmal."

Hanife sagt: „Richtig oder falsch, egal. Ich will jetzt nicht sprechen. Ich will essen."

Schreiben Sie das Gegenteil wie im Beispiel:

Ich will sprechen. - Ich will jetzt nicht sprechen.

1. Ich will essen. ....

2. Ich will trinken. ....

3. Ich will einkaufen. ....

4. Ich will lesen. ....

5. Ich will schlafen. ....

Im Schwimmbad

Mama geht mit Olaf und Tamara ins Schwimmbad. Sie packen eine

Tasche: Badehose und Badeanzug, Sonnencreme, Handtücher, eine

Flasche Wasser und Kekse.

Mit dem Fahrrad fahren sie zum Schwimmbad.

Ist das Wasser heute warm? Ja, es hat 24 Grad, das ist gut.

Tamara kann schon schwimmen, sie kann allein ins Schwimmbecken.

Sie ist ja auch schon zehn Jahre alt. Olaf ist vier und er übt mit Mama.

Im Schwimmbecken treffen die Kinder auch ihre Freunde und spielen

zusammen.

Steht das im Text? Kreuzen Sie an, r (richtig) oder f (falsch):

    1. Olaf und Tamara gehen ins Schwimmbad.   R / f

    2. Olaf kann schon schwimmen.   R / f

    3. Das Wasser ist heute kalt.   R / f

    4. Sie haben Sonnencreme in der Tasche.   R / f

    5. Im Schwimmbad sind auch Freunde.   R / f

    6. Sie haben auch Käse in der Tasche.   R / f

    7. Tamara ist zehn Jahre alt.

    8. Olaf ist sieben Jahre alt.   R / f

Können Sie schwimmen? Erzählen Sie.

Die Grillparty

Familie Brand will heute Abend im Garten grillen. Herr Brand hat Kohle gekauft. Jetzt ist der Grill schon heiß und er legt Fleisch und Würstchen darauf.

Frau Brand hat Salate gemacht: Kartoffelsalat, Tomatensalat und Bohnensalat. Dazu gibt es Weißbrot und Soßen.

Jetzt kommen die Gäste. Sie sitzen im Garten und warten auf das Fleisch.

Sie erzählen vom Urlaub.

Mmmmm, das schmeckt so lecker!

Nachtisch? Nein, danke, ich bin schon satt!

Steht das im Text? Kreuzen Sie an, r (richtig) oder f (falsch):

1. Familie Brand grillt im Wohnzimmer.   R/f
2. Es gibt Fleisch und Würstchen.   R/f
3. Es gibt Schwarzbrot.   R/f
4. Frau Brand hat Maissalat gemacht.   R/f
5. Frau Brand hat Bohnensalat gemacht.   R/f
6. Die Gäste erzählen von der Arbeit.   R/f
7. Das Essen ist lecker.   R/f

Erzählen Sie: Was grillen Sie? Was ist in Ihrem Salat?

Zwiebel – Tomate – Gurke – Petersilie – Zitrone – Mais – Bohnen – Kopfsalat – Eier – Öl – Essig – Kartoffeln – Salz – Zucker - ...

Wo fährt der Zug?

Paul möchte nach Mannheim fahren. Er geht zum Bahnhof. Er schaut auf die Abfahrtstafel. Der Zug fährt auf Gleis 5.

Jetzt wartet Paul auf den Zug.

Da kommt eine Frau und fragt: „Entschuldigung, wo fährt der Zug nach Mannheim?"

Paul sagt: „Auf Gleis 5."

Die Frau sagt: „Wir sind aber auf Gleis 4. Dort drüben ist Gleis 5. Da steht ja schon der Zug."

Schnell gehen sie zu Gleis 5. Der Zug fährt ab.

Glück gehabt!

Steht das im Text? Kreuzen Sie an, r (richtig) oder f (falsch):

1. Paul möchte nach Ludwigshafen fahren.   R/f
2. Er schaut auf die Uhr.   R/f
3. Der Zug fährt auf Gleis 3.   r/f
4. Sie haben Pech gehabt.   R/f

Was ist positiv? Was ist negativ? Markieren Sie in zwei Farben.

Glück gehabt! Pech gehabt! Das ist gut! Der Salat ist lecker.

Das ist schlecht! Der Salat ist schon alt. Die Hose passt gut.

Die Hose ist zu klein.

Urlaub an der Ostsee

Familie Weber macht Urlaub an der Ostsee. Sie fahren mit dem Auto.
Sie nehmen viele Koffer und Taschen mit. Darin sind Hosen, Pullover,
T-Shirts, Badesachen und Sonnencreme.

Sie wohnen im Hotel. Das Zimmer hat einen Blick aufs Meer. Jeden
Morgen gehen sie zuerst ans Fenster und schauen auf das Wasser. Die
Luft ist salzig. Das ist gesund.

Alle gehen am Strand spazieren. Die Kinder bauen eine große
Sandburg. Sie spielen Ball und suchen Muscheln.

Nach drei Wochen müssen sie wieder nach Hause fahren. Die Eltern
müssen wieder arbeiten und die Kinder müssen wieder in die Schule.

Steht das im Text? Kreuzen Sie an, r (richtig) oder f (falsch):

1. Familie Weber macht Urlaub.   R/f

2. Sie nehmen viele Koffer mit.   R/f

3. Sie wohnen im Zelt.   R/f

4. Sie schauen auf das Meer.   R/f

5. Die Luft ist süß.   R/f

6. Alle gehen spazieren.   R/f

7. Sie suchen Kartoffeln.   R/f

Das Stadtfest

Neustadt ist eine Stadt in Deutschland. Jedes Jahr im Sommer gibt es ein großes Fest.

Viele Menschen kommen in die Stadt. Überall gibt es Musik, Essen und Trinken. Auf einem großen Platz ist ein Karussell.

Heute gehen Herr Groß und Frau Groß dort hin. Sie essen eine Bratwurst und Pommes. Die Kinder fahren Karussell. Alle Nachbarn sind auch da.

Eine Frau malt den Kindern bunte Muster auf das Gesicht.

„Ich will eine Blume.", sagt Sara.

„Ich will einen Tiger.", sagt Tim.

Ein Mann macht Figuren aus Luftballons.

„Ich will auch einen.", sagen die Kinder.

Steht das im Text? Kreuzen Sie an, r (richtig) oder f (falsch):

1. Auf dem Fest gibt es Musik.   R/f
2. Sie essen Döner.   R/f
3. Die Eltern fahren Karussell.   R/f
4. Eine Frau malt auf Papier.   R/f
5. Ein Mann macht Figuren aus Luftballons.   R/f
6. Die Kinder wollen auch einen Luftballon.   R/f

Der Fernseher ist kaputt

Alle sehen am Abend fern. Es macht: „Peng!" Da ist kein Bild. Da ist kein Ton.

Der Fernseher ist kaputt.

Was machen wir jetzt?

Mama und Papa lesen die Zeitung. Die Kinder spielen Karten. Alle unterhalten sich. Sie reden über ihren Tag. Sie reden über alles. Es ist ein schöner Abend.

Ein Techniker kommt nach einigen Tagen und repariert den Fernseher.

Jetzt sehen alle wieder am Abend fern. Keiner redet.

Schade.

Steht das im Text? Kreuzen Sie an, r (richtig) oder f (falsch):

1. Der Fernseher macht „Peng!"   r / f
2. Da ist kein Bild.   R / f
3. Mama und Papa spielen Karten.   R / f
4. Ein Verkäufer repariert den Fernseher.   R / f
5. Alle sehen wieder am Abend fern.   R / f

Wie heißen die Wörter? Schreiben Sie:

1. Da ist kein (iBld) ....

2. Der (reheFnsre) .... ist kaputt.

3. Mama und Papa lesen die (nuZtieg) ....

Pause

Es ist zehn Uhr. Der Deutschkurs macht eine Pause.

Die Pause dauert 15 Minuten.

Die Lehrerin isst eine Banane.

Souat trinkt Tee und isst ein Brötchen.

Mustafa trinkt Kaffee.

Kanlaya isst Reis mit Gemüse. Sie mag kein Brot.

Anna und Maria essen nichts. Sie trinken nur Wasser.

Ali isst einen Apfel.

Und was essen Sie in der Pause?

Steht das im Text? Kreuzen Sie an, r (richtig) oder f (falsch):

1. Die Pause dauert 10 Minuten.   R/f
2. Die Lehrerin isst eine Tomate.   R/f
3. Mustafa trinkt Bier.   R/f
4. Kanlaya isst Reis.   R/f
5. Anna und Maria trinken Wasser.   R/f
6. Ali isst einen Apfel.   R/f

Erzählen Sie. Was essen oder trinken Sie in der Pause?
Schreiben Sie:

Ich esse ....

Ich trinke ....

Im Garten

Pia sagt: In meinem Garten gibt es viel Gemüse. Das ist lecker.

Gisela sagt: Im meinem Garten gibt es viele Blumen. Das ist schön.

Ali sagt: In meinem Garten gibt es Obstbäume. Da sind Äpfel und Birnen, Pflaumen und Aprikosen.

Frau Schmitt sagt: In meinem Garten gibt es viele Kräuter: Petersilie, Schnittlauch, Dill und viele andere. Das ist praktisch.

Mustafa sagt: In meinem Garten gibt es viele Tiere: Hühner, Ziegen und Tauben. Wir haben immer frische Eier.

Familie Gümüsch sagt: In unserem Garten gibt es immer viele Gäste. Wir können dort grillen und lange sitzen. Alle kommen gern in unseren Garten.

Steht das im Text? Kreuzen Sie an, r (richtig) oder f (falsch):

1. Pia sagt: In meinem Garten ist Gemüse.   R/f
2. Frau Schmitt sagt: Mein Garten ist praktisch.   R/f
3. Mustafa sagt: In meinem Garten sind Katzen.   R/f
4. Familie Gümüsch sagt: Wir grillen im Garten.   R/f
5. Ali sagt: In meinem Garten sind Obstbäume.   R/f
6. Gisela sagt: Ich habe keinen Garten.   R/f

Haben Sie einen Garten?
Oder kennen Sie eine Person, die einen Garten hat?
Erzählen Sie.

Sommerregen

Den ganzen Tag ist es heiß. Am Nachmittag kommen dunkle Wolken.

Sie werden immer dunkler. Dann regnet es.

Letitia und Olaf gehen von der Schule nach Hause.

Sie haben keinen Schirm.

Letitia sagt: „Schnell nach Hause. Wir sind schon ganz nass!"

Olaf sagt: „Das macht nichts. Wir sind doch nicht aus Zucker."

Wie heißt das Gegenteil? Schreiben Sie die Adjektive:

trocken - _ _ _ _   heiß - _ _ _ _

schnell - _ _ _ _ _ _ _   hell - _ _ _ _ _ _

Steht das im Text? Kreuzen Sie an, r (richtig) oder f (falsch):

1. Die Wolken sind dunkel.   R / f
2. Den ganzen Tag ist es kalt.   R / f
3. Wir sind doch nicht aus Zucker.   R / f

Was passt zusammen? Verbinden Sie und schreiben Sie ins Heft:

Regen   Sonne   Wind   Schnee

Es regnet.   Die Sonne scheint.   Es schneit.   Es ist windig.

Was kannst du gut?

Vera sagt: *Ich kann gut malen. Ich mache schöne Bilder.*

Oleg sagt: *Ich kann gut angeln. Ich fange die Fische mit der Angel. Dann grillen wir sie.*

Sabine sagt: *Ich kann gut kochen. Mein Essen schmeckt immer.*

Fatma sagt: *Ich kann gut Fußball spielen. Ich kann schnell rennen.*

Regina sagt: *Ich kann schön schreiben. Mein Heft ist sehr schön.*

Hakan sagt: *Ich kann Maschinen reparieren. Waschmaschine, Kaffeemaschine, …*

Steht das im Text? Kreuzen Sie an, r (richtig) oder f (falsch):

1. Oleg sagt: Ich kann gut kochen.   R/f
2. Fatma sagt: Ich kann schnell rennen.   R/f
3. Regina sagt: Ich kann gut lesen.   R/f
4. Hakan sagt: Ich mache Maschinen kaputt.   R/f
5. Vera sagt: Ich kann gut malen.   R/f
6. Sabine sagt: Ich kann gut kochen.   R/f

Erzählen Sie und schreiben Sie. Was können Sie gut?
Was können Sie nicht so gut?

Ich kann gut ....

Ich kann nicht so gut ....

Der erste Schultag

Mia ist sechs Jahre alt. Heute ist der erste Schultag. Mama und Oma gehen mit ihr in die Schule.

Da sind viele Eltern mit ihren Kindern.

Im Kindergarten hat Mia eine Schultüte gebastelt. Mama hat viele Sachen in die Schultüte gelegt: Stifte, Radiergummi, Spitzer und Schokolade.

Die Kinder singen. Alle sind freundlich. Mia hat keine Angst. Die Lehrerin ist nett.

Mia freut sich auf die Schule

Mama sagt: „Jetzt bist du ein großes Mädchen."

Mia denkt: „Ja, das stimmt."

Steht das im Text? Kreuzen Sie an, r (richtig) oder f (falsch):

1. Mia ist 16 Jahre alt.   R/f
2. In der Schultüte ist Schokolade.   R/f
3. Mia hat Angst.   R/f
4. Die Lehrerin ist nett.   R/f
5. Mia geht allein in die Schule.   R/f
6. Die Kinder singen.   R/f
7. Mia hat die Schultüte gebastelt.   R/f

Fische fangen

Sergej angelt gern. Er fährt am Sonntag zum Fluss. Dort sind schon seine Freunde. Sie suchen einen guten Platz. Sie werfen ihre Angeln aus. Vielleicht fangen sie heute viele Fische. Da! Ein großer Fisch beißt an. Er ist sehr gut und wiegt drei Kilo.

Sergej bringt den Fisch nach Hause zu seiner Frau. Morgen macht sie den Fisch im Backofen. Das schmeckt allen.

Steht das im Text? Kreuzen Sie an, r (richtig) oder f (falsch):

1. Sergej fährt am Sonntag zum See.   R / f
2. Seine Freunde sind auch dort.   R / f
3. Sie finden einen guten Platz.   R / f
4. Sergej fängt einen kleinen Fisch.   R / f
5. Sie braten den Fisch sofort.   R / f
6. Alle essen gern Fisch.   R / f

Welche Verben finden Sie im Text? Markieren Sie:

fahren – gehen – laufen – suchen – finden – verlieren – bringen – holen – sehen – machen – sitzen – werfen – angeln – fangen – spielen – schwimmen – trinken – anbeißen – schmecken – riechen

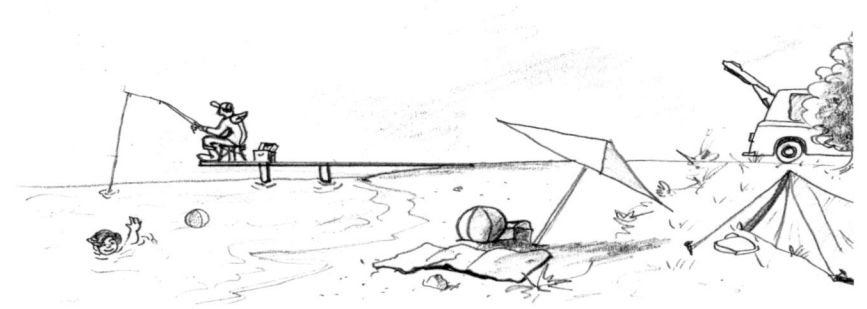

Am Computer

Hamide will lernen, wie man am Computer arbeitet. Zuerst erklärt der Lehrer, wie man das Gerät einschaltet. Dann lernt sie die Maus zu führen. Das ist nicht so einfach. Hier ein Klick, dort ein Doppelklick, schon ist sie im Internet.

Sie will alles lernen: Telefonnummern suchen, den Fahrplan für den Zug lesen. E-Mails an ihre Schwester schreiben, Karten spielen …

Der Lehrer sagt: „Gut. Aber bitte langsam! Nicht so schnell überall anklicken. Sonst geht gar nichts mehr."

Steht das im Text? Kreuzen Sie an, r (richtig) oder f (falsch):

1. Hamide will am Computer arbeiten.   R/f
2. Der Lehrer erklärt zuerst, wie man ihn ausschaltet.   R/f
3. Hamide lernt die Katze zu führen.   R/f
4. Sie will alles lernen.   R/f
5. Man kann im Internet Telefonnummern suchen.   R/f
6. Der Lehrer sagt: „Schneller bitte!"   r/f
7. Hamide will E-Mails an ihre Schwester schreiben.   R/f

Doppel- bedeutet zweimal. Schreiben Sie Komposita:

1. ein Klick – ein Doppelklick
2. ein Bett - ....

3. ein Zimmer - ....

4. ein Punkt - ....

Flohmarkt

Rosa und Maria wollen günstige Sachen für den Haushalt kaufen. Sie treffen sich um halb zehn auf dem Flohmarkt. Es gibt neue Sachen und gebrauchte Sachen.

Sie suchen ein schönes Kaffeegeschirr.

„Hier ist ein schönes.", sagt Rosa. „Wie findest du das?"

„Sehr schön. Aber das ist zu teuer. So viel Geld will ich nicht bezahlen. Wir findest du das hier?"

„Das gefällt mir nicht. Das ist zu bunt.", sagt Rosa.

„Und dieses?"

„Ja, es gefällt mir. Was kostet es?"

„Es ist nicht teuer. Wir nehmen es. Was brauchen wir noch?"

Steht das im Text? Kreuzen Sie an, r (richtig) oder f (falsch):

1. Sie treffen sich um halb neun auf dem Flohmarkt.   R/f
2. Sie wollen Sachen für den Haushalt kaufen.   R/f
3. Sie suchen schönes Besteck.   R/f
4. Sie brauchen noch andere Sachen.   R/f
5. Sie nehmen das Geschirr.   R/f

Was ist Geschirr? Was ist Besteck? Markieren Sie in zwei Farben:

Messer – Löffel – Teller – Tasse – Schüssel – Gabel – Esslöffel – Untertasse – Kanne – Kaffeelöffel – Brotmesser – Becher – Salatschüssel – Kuchengabel

Kannst du mir Geld leihen?

Fatima und Nadia treffen sich in der Stadt. Sie gehen spazieren. Dann gehen sie in ein Café.

Fatima bestellt eine Tasse Kaffee und ein Stück Kuchen.

Nadia bestellt ein Glas Apfelsaftschorle und eine Brezel. Sie erzählen über ihre Familie und die neuen Nachbarn. Sie sprechen vom Wetter und vom Urlaub.

„Oh!", sagt Nadia, „Es ist schon spät! Ich muss nach Hause."

Sie sucht ihren Geldbeutel in der Handtasche. Sie hat ihn vergessen!

„Kannst du mir Geld leihen?", fragt sie.

Fatma sagt: „Das ist doch kein Problem. Ich lade dich heute ein."

Steht das im Text? Kreuzen Sie an, r (richtig) oder f (falsch):

1. Sie treffen sich in der Stadt.   R / f
2. Sie gehen ins Kino.   R / f
3. Fatima bestellt Kaffee und Kuchen.   R / f
4. Nadia bestellt Apfelsaftschorle und Pizza.   R / f
5. Sie erzählen über die Familie.   R / f
6. Nadias Geldbeutel ist in der Handtasche.   R / f
7. Fatima hat auch kein Geld.   R / f
8. Nadia muss das Geld zurückgeben.   R / f

Neue Nachbarn

Die Wohnung über Familie Müller ist schon zwei Monate frei. Heute ziehen neue Nachbarn ein. Der Möbelwagen kommt. Viele Leute helfen. Sie tragen das Sofa, den Fernseher, den Tisch und viele Kisten nach oben.

Frau Müller schaut aus dem Fenster. Es klingelt. Da stehen zwei Personen.

„Guten Tag.", sagt der Mann. „Ich bin Ibrahim Sert und das ist meine Frau Hamide."

„Guten Tag. Freut mich. Möchten Sie reinkommen?", fragt Frau Müller.

„Heute haben wir keine Zeit. Aber ein anderes Mal gern."

Steht das im Text? Kreuzen Sie an, r (richtig) oder f (falsch):

1. Die Wohnung über Familie Müller ist frei.   R/f
2. Morgen ziehen neue Nachbarn ein.   R/f
3. Die neuen Nachbarn wohnen oben.   R/f
4. Frau Müller schaut in die Zeitung.   R/f
5. Es klingelt.   R/f
6. Da stehen fünf Personen.   R/f
7. Herr und Frau Sert kommen herein.   R/f

Finden Sie Möbelstücke und Geräte im Silbensalat:

So fa Da me Re gal Re gen Fern se her Fe lo da di wo Tisch De ka do Ses sel Stuhl Schirm Su zu re ba Klei der schrank Ra dio

Neue Farben

„Du, Walter.", sagt Frau Klein. „Wir müssen mal wieder die Wände streichen."

„Was, schon wieder?", sagt Herr Klein.

„Das letzte Mal war vor fünf Jahren.", sagt Frau Klein.

„Wirklich? Ja, gut. Morgen kaufe ich weiße Farbe."

„Weiße Wände sind doch langweilig. Das gefällt mir nicht.", sagt Frau Klein.

„Welche Farben findest du schön?"

„Im Wohnzimmer möchte ich helles Orange. Im Schlafzimmer helles Gelb. Und die Kinder dürfen sich ihre Farben selbst aussuchen."

Steht das im Text? Kreuzen Sie an, r (richtig) oder f (falsch):

1. Herr und Frau Klein müssen die Möbel streichen.   R/f
2. Das letzte Mal haben sie vor zwei Jahren gestrichen.   R/f
3. Frau Klein will weiße Farbe kaufen.   R/f
4. Das Wohnzimmer soll hell-orange sein.   R/f
5. Das Schlafzimmer soll lila sein.   R/f
6. Die Kinder dürfen die Farben selbst aussuchen.   R/f

Welche Farben gibt es in Ihrer Wohnung?

Wie ist das Wohnzimmer?

Wie ist das Schlafzimmer?

Wie ist das Kinderzimmer?

Polterabend

„Guten Tag.", sagt die Nachbarin. „Bei uns wird es am Freitag laut. Wir haben Polterabend."

„Polterabend? Was ist denn das?", fragt Frau Murat.

„Unsere Tochter heiratet bald. Am Freitag Abend feiern wir alle zusammen. Wir werfen dann altes Geschirr an die Hauswand. Das wird natürlich ein bisschen laut. Aber das bringt Glück. Scherben bringen Glück."

„Ach so. Und was machen Sie dann mit dem kaputten Geschirr?", fragt Frau Murat.

„Das müssen die jungen Leute zusammen aufräumen."

Steht das im Text? Kreuzen Sie an, r (richtig) oder f (falsch):

1. Die Nachbarin sagt: Am Freitag wird es laut.   R/f
2. Der Sohn heiratet bald.   R/f
3. Sie werfen altes Geschirr an die Hauswand.   R/f
4. Geschirr werfen ist leise.   R/f
5. Das Geschirr ist dann kaputt.   R/f
6. Die jungen Leute müssen aufräumen.   R/f

Welche Feste feiert man in der Familie? Erzählen Sie:

Hochzeit – Verlobung – Geburtstag – Polterabend – Taufe – Hochzeitstag – Grillparty – Silberhochzeit – Prüfung bestanden – Führerschein

Einfach Müll

Till ist vier Jahre alt. Er ist bei Oma zu Besuch. Er malt und schneidet.

Dann hat er viele Papierstreifen. Die will er in den Mülleimer werfen.

„Moment!", sagt Oma. „Hier ist der Eimer für Papiermüll. Und der

andere da ist für Plastik und Metall."

Till hilft beim Kochen. Da sind Kartoffelschalen und Schalen von

Gemüse.

„Ich weiß.", sagt Till. „Das ist Biomüll. Das habe ich im Kindergarten

gelernt."

„Und was ist das?" Oma zeigt auf eine kaputte Tasse.

„Einfach Müll.", sagt Till.

Steht das im Text? Kreuzen Sie an, r (richtig) oder f (falsch):

1. Till ist sieben Jahre alt.   R/f

2. Er ist bei Oma zu Besuch.   R/f

3. Er will Papier in den Mülleimer werfen.   R/f

4. Till hilft beim Kochen.   R/f

5. Er will Kartoffelschalen in den Mülleimer werfen.   R/f

6. Er will eine alte Tasse in den Biomüll werfen.   R/f

Sortieren Sie diese Dinge in verschiedene Mülleimer:

Joghurtbecher, Dose, Gurkenschalen, Kassenzettel, Eierschalen,

Papiertüte

1. Biomüll: ....

2. Papiermüll: ....

3. Plastik und Metall: ....

Die Mücke

Nachts schläft Felix. Da hört er ein leises Geräusch: sssssssssssssss

Es ist eine Mücke. Schon hat sie ihn ins Gesicht gestochen. Er macht

das Licht an.

Alles ist still. Er hört und er sieht nichts.

Also schläft er wieder.

Sssssssssssssssss Die Mücke hat ihn in den Arm gestochen!

Aber er hat ganz schnell auf seinen Arm geschlagen. Die Mücke ist tot.

Jetzt kann er weiterschlafen bis zum Morgen.

Steht das im Text? Kreuzen Sie an, r (richtig) oder f (falsch):

1. Felix schläft nachts.   R/f

2. Er hört ein lautes Geräusch.   R/f

3. Die Mücke hat ihn in den Fuß gestochen.   R/f

4. Er hört nichts und er sieht nichts.   R/f

5. Die Mücke hat ihn zweimal gestochen.   R/f

6. Die Mücke ist tot.   R/f

7. Jetzt kann er nicht mehr schlafen.   R/f

Welche Tiere kennen Sie, die manchmal Probleme machen? Erzählen Sie:

Fliege – Ameise – Maus – Ratte – Laus – Kakerlake – Spinne – Floh –

Schnecke

Die Überweisung

Lisa hat falsch geparkt. Nun muss sie einen Strafzettel an die Stadt Köln überweisen. Sie muss 15 Euro überweisen.

Alexander hat mehr Heizung verbraucht als letztes Jahr. Der Vermieter hat eine Abrechnung geschickt. Er muss an den Vermieter Peter Müller in Worms 35 Euro überweisen.

Frau Schmidt hat ein Buch im Internet bestellt. Sie hat eine Rechnung bekommen. Sie überweist 12,90 Euro.

Mustafa will seinem Sohn Ali Geld überweisen. Ali studiert in Berlin. Mustafa überweist jeden Monat 250 Euro.

Steht das im Text? Kreuzen Sie an, r (richtig) oder f (falsch):

1. Lisa muss einen Strafzettel bezahlen.   R/f
2. Sie überweist 20 Euro.   R/f
3. Alexander muss für Heizung bezahlen.   R/f
4. Er überweist das Geld an Peter Müller.   R/f
5. Frau Schmidt bezahlt für ein Radio.   R/f
6. Sie überweist 12,90 Euro.   R/f
7. Mustafa will seinem Sohn Geld schicken.   R7F
8. Sein Sohn arbeitet in Berlin.   R/f
9. Er überweist jede Woche 250 Euro.   R/f
   10. Sein Sohn heißt Ali.   R/f

Bio

Familie Walter kauft auf dem Markt Gemüse und Brot. Dort ist ein Stand von einem Bauernhof. Gemüse und Weizen sind biologisch angebaut.

Da gibt es Bio-Tomaten, Bio-Kartoffeln und viele andere Bio-Gemüse. Die Lebensmittel vom Biohol sind sehr gesund und schmecken auch viel besser als vom Supermarkt. Sie kosten etwas mehr.

Frau Walter kauft heute Kohlrabi und zehn Eier. Sie kauft auch ein Brot und ein Kilo Tomaten. Jetzt sieht sie noch schönes Obst und kauft ein Kilo Pflaumen und ein Kilo Birnen.

Sie bezahlt und legt alles in einen großen Korb.

Steht das im Text? Kreuzen Sie an, r (richtig) oder f (falsch):

1. Familie Walter kauft im Supermarkt Gemüse und Brot.   R/f
2. Gemüse und Weizen sind biologisch angebaut.   R/f
3. Es gibt Bio-Tomaten.   R/f
4. Bio-Lebensmittel schmecken besser.   R/f
5. Frau Walter kauft Blumenkohl.   R/f
6. Sie kauft ein Brot.   R/f
7. Sie kauft ein Kilo Aprikosen.   R/f
8. Sie bezahlt und legt alles in eine Plastiktüte.   R/f

Auf dem Spielplatz

Sven geht mit seinem Opa zum Spielplatz.

„Schau mal, hier!", sagt er. „Das haben sie neu gebaut."

Auf dem Spielplatz ist ein neuer Kletterturm mit Rutsche.

„Komm mit!", ruft Sven. Er klettert auf der Leiter nach oben.

Opa klettert mit.

Oben gibt es einen Weg nach rechts. Da muss man über Seile und Bretter gehen. Es gibt auch einen Weg nach links. Da ist eine große Rutsche.

Sven rutscht hinunter.

„Komm, Opa!"

Opa lacht und sagt: „Nein, nein. Ich will nicht durch den Tunnel rutschen. Ich gehe lieber wieder die Leiter runter."

Steht das im Text? Kreuzen Sie an, r (richtig) oder f (falsch):

1. Auf dem Spielplatz ist eine neue Schaukel.   R/f
2. Opa klettert nach oben.   R/f
3. Sven rutscht runter.   R/f
4. Opa rutscht auch runter.   R/f
5. Opa geht wieder auf der Leiter runter.   R/f

Was finden Sie auf einem Spielplatz? Markieren Sie:

Rutsch – Radiergummi – Schaukel – Schlange – Rutsche – Pfanne – Kletterturm – Kirchturm – Sandkasten – Briefkasten – Wippe – Autobahn

Marmelade

Familie Gabel hat einen großen Garten. Jetzt sind die Brombeeren reif.
Frau Gabel sagt zu ihrer Tochter Anna: „Kommst du mit zu
Brombeeren-Pflücken?"

„Ja, klar.", sagt Anna.

„Wir müssen alte Sachen anziehen. Wir nehmen kleine Eimer mit. Nur
die ganz dunklen Beeren sind reif. Sie müssen schwarz sein und ganz
leicht abgehen."

Anna pflückt nur schwarze Beeren. Sie probiert, ob sie auch schon süß
sind und gut schmecken.

Nach einer halben Stunde haben sie viele Beeren in den Eimern. Jetzt
können sie leckere Marmelade machen.

Steht das im Text? Kreuzen Sie an, r (richtig) oder f (falsch):

1. Familie Gabel kauft Brombeeren auf dem Markt.   R/f
2. Anna will Brombeeren pflücken.   R/f
3. Nur die roten Beeren sind reif.   R/f
4. Anna probiert, ob die Beeren gut schmecken.   R/f
5. Nach zehn Minuten haben sie viele Beeren.   R/f
6. Jetzt können sie Marmelade machen.   R/f

Welches Obst essen Sie gern?
Aus welchen Früchten kann man Marmelade machen?

Das ist zu teuer

Herr Özmen will einen Fernseher kaufen. Er geht zum Elektrogeschäft. Dort zeigt der Verkäufer ihm einen schönen, modernen Fernseher für 2000 Euro. Das ist zu teuer. Herr Özmen hat nicht so viel Geld.

Frau Raimondo will nach Italien fahren. Sie geht ins Reisebüro. Eine Fahrkarte nach Rom kostet 260 Euro. Das ist zu teuer. Frau Raimondo wartet auf ein Sonderangebot.

Emine will ein neues Kleid kaufen. Sie geht ins Kaufhaus und probiert ein Klein an. Es passt, aber es ist zu teuer. Es kostet 270 Euro. Emine sagt: „Ich warte auf den Sommerschlussverkauf."

Frau Rossini braucht einen neuen Computer. Sie geht ins Geschäft. Der Verkäufer sagt: „ Hier haben wir einen tollen Computer. Er kostet 3500 Euro."

„Das ist zu teuer.", sagt Frau Rossini. „Ich glaube, mein alte Computer ist noch in Ordnung."

Steht das im Text? Kreuzen Sie an, r (richtig) oder f (falsch):

1. Herr Özmen will einen Videorekorder kaufen.   R/f
2. Frau Raimondo will nach Moskau fahren.   R/f
3. Emine geht ins Kaufhaus.   R/f
4. Das Kleid ist zu teuer.   R/f
5. Frau Rossini kauft den teuren Computer.   R/f

Was finden Sie zu teuer?

Das Foto in der Zeitung

Serdar geht in der Fußgängerzone spazieren. Da kommt ein Mann mit einem Mikrofon zu ihm und sagt: „ Guten Tag. Ich bin von der XY-Zeitung. Wir fragen heute Menschen, wie sie das heiße Wetter finden. Was denken Sie über das Wetter heute?"

Serdar spricht in das Mikrofon. „Das Wetter ist super. Es ist so schön wie in der Südtürkei. Die Sonne scheint und ich fühle mich wie in meiner Heimat."

Der Mann ist überrascht. Alle anderen Leute haben sich beschwert. Alle haben gesagt, dass es zu heiß ist. Alle Leute schwitzen und sind nicht zufrieden. Nur Serdar ist mit dem Wetter zufrieden.

Der Mann fotografiert Serdar. Am nächsten Tag ist sein Foto in der Zeitung. Darunter steht: „Dieser Mann liebt heißes Wetter."

Steht das im Text? Kreuzen Sie an, r (richtig) oder f (falsch):

1. Serdar geht in der Fußgängerzone spazieren.   R / f
2. Ein Mann von der Zeitung fragt: Wo kaufen Sie ein?   R / f
3. Serdar sagt: Das Wetter gefällt mir.   R / f
4. Der Mann ist überrascht.   R / f
5. Alle Leute lieben heißes Wetter.   R / f
6. Am nächsten Tag ist sein Bild in der Zeitung.   R / f

Welches Wetter gefällt Ihnen? Erzählen Sie.

Anmerkungen für Lehrende:

Zur Neuauflage: *Alle Texte und fast alle Aufgaben sind gleich geblieben, damit Personen mit älteren Bücher mit anderen Personen mit neuen Büchern zusammenarbeiten können.*

Was hat sich verändert?

- *Die Schrift: Das a ist offen (nicht a), was für Leseanfänger günstiger ist.*
- *Die Arbeitsanweisungen sind neu gestaltet.*
- *Zeichnungen ergänzen einige der Geschichten.*

Zielgruppe: *Erwachsene Lese- und Schreibanfänger, zum Beispiel in Integrationskursen oder anderen Deutschkursen.*

Inhalte: *Die Geschichten sind möglichst nah an der Erfahrungswelt der Tn angesiedelt, bereiten aber auf Themen in der Stufe A1 des Europäischen Referenzrahmens vor.*

Als **Zusatzmaterial** *sind die Geschichten gut geeignet. Zu A1-relevanten Themen, zur Landeskunde, als Leseübung oder als Hausaufgabe, sie sind vielfältig einsetzbar.*

Ich wünsche allen Lernenden und Lehrenden viel Freude und Erfolg!

Gisela Darrah